DOMINANDO FACEBOOKLIVE

BY LOS GENIOS DE INTERNET

JUSTO SERRANO & CÉSAR MIRÓ

¡¡Importante!!

Título: DOMINANDO FACEBOOKLIVE

© 2017, Los Genios De Internet

© De los Textos: Los Genios De Internet

Ilustración Portada: Los Genios De Internet

Revisión de Estilo: www.losgeniosdeinternet.com

1ª edición

Tabla de contenido

Introducción

La transmisión en vivo está a punto de convertirse en gran medida en la próxima 'gran cosa'. Esta es una forma totalmente nueva de crear contenido que nos permite comunicarnos directamente con una audiencia de una manera muy atractiva. Es nuevo, es emocionante y sigue creciendo rápidamente en este punto.

Como un vendedor digital, todo esto nos hace estar muy emocionados. Una gran parte de nuestro trabajo es poder detectar tendencias digitales emergentes y llegar antes que nadie. Cuando lo hacemos bien, nos permite captar una audiencia antes de la competencia y potencialmente encontrar maneras más efectivas de influenciar a nuestros clientes y construir nuestra relación.

Esto es exactamente lo que representa la transmisión en vivo por la inteligente y que es exactamente la razón por la que los grandes jugadores como Tai López están invirtiendo mucho tiempo, como en los servicios de Meerkat. En este momento, casi cualquier persona puede crear una transmisión en vivo sobre cualquier cosa y salir con nuevos seguidores en Meerkat o Periscope. Esto simplemente refleja el hecho de que esas plataformas son tan emocionantes y que todavía hay tan poca competencia allí.

Pero si *realmente* quiere pruebas de que la transmisión en vivo está a punto de despegar de una manera grande, sólo tiene que mirar a Facebook Live. No cabe duda de que Facebook es uno de los líderes en esta industria, por lo que el hecho de que ha introducido su propia versión de un servicio de streaming en vivo es más o menos como signo seguro de que esta tendencia no hará otra cosa que subir y subir.

Por supuesto, el hecho de que Facebook está entrando en este espacio es también un tanto *malas* noticias para los otros jugadores como Meerkat y Periscope. Y también Cambia el juego un poco para el resto de nosotros. Mientras Periscope es propiedad de Twitter, Facebook todavía es probable que sea capaz de poner mucho más ímpetu e influencia en la transmisión en vivo ahora y esto sólo se verá incrementado por la integración mucho más estrecha que tiene en vivo con la plataforma de Facebook.

En este libro electrónico vamos a aprender en mucho más detalle lo que hace que la transmisión en vivo sea tan emocionante y eso que es aún *más* emocionante que Facebook esté involucrado. Verá exactamente cómo empezar con sus propios vídeos en vivo de Facebook y cómo empezar la construcción de una gran audiencia e interactuar con la audiencia de una manera mucho más comprometida y eficaz.

Estadísticas y cifras

¿No estoy seguro si la transmisión en vivo es realmente todo lo buena como parece? A continuación, echa un vistazo a algunas de estas impresionantes estadísticas que prácticamente erradican cualquier duda que pueda tener en la cabeza.

¿Sabía usted, por ejemplo, que Periscope ya tiene más de 12.000.000 de cuentas de usuario? Y si tuvieras que combinar todas las imágenes que se han grabado en la plataforma, tardarían más de 40 años en verlo todo. De esos 12 millones de cuentas, 3 millones son activos todos los días - en 25 países diferentes.

El día en que Periscope se lanzó, consiguió unos Tweets increíbles de 60k! Twitter se dio prisa para comprar periscope por $ 100 millones - una nueva demostración muy impresionante de la confianza de la plataforma!

Mientras tanto, Meerkat también lo ha hecho increíblemente bien. Este servicio de streaming en vivo se lanzó al mismo tiempo que Periscope con 120.000 usuarios se inscribieron apenas en el primer mes. Y estos no son los únicos servicios que han estado haciendo muy bien!

Twitch por ejemplo es un servicio de streaming de juegos de azar específicamente y tenía hasta 12 millones de usuarios a finales de 2014! Otra es Blab, una aplicación de streaming que se muestra como una gran promesa y tiene la característica única de permitir que varias personas comparezcan a la vez en un entorno de tipo conferencia. Esta plataforma demuestra un compromiso excelente, con personas que pasan 65 minutos al día viendo videos en promedio!

YouTube también se está involucrando. La empresa ahora transmite eventos y permite a los usuarios crear su propio contenido en directo. En 2015, la empresa transmite la exposición de juegos 'E3' y que el video ha sido visto por más de 8 *millones de* espectadores en sólo 12 horas!

Todos los datos y todas las estadísticas apuntan a la verdad ineludible que en vivo es muy probable que sea un *gran* problema para el futuro de la web.

Lo que aprenderá en este libro

En este libro, vamos a aprender todo acerca de la transmisión en vivo en transmisión en general y en directo en Facebook *en particular.* Usted aprenderá todo lo que pueda necesitar saber con el fin de empezar a tomar el máximo provecho de esta increíble oportunidad y esta plataforma increíble para un nuevo tipo de contenido.

En concreto, aprenderá:

- La historia de la transmisión en vivo

- Lo que hace que la transmisión en vivo sea tan única

- Cuáles son sus opciones cuando se trata de crear contenido en directo

- ¿Por qué Facebook se está involucrando y por qué esto es una gran noticia para los vendedores?

- Cómo configurar tu cuenta de Facebook Live

- Cómo crear una página de Facebook y aumentar su audiencia

- Cómo crear contenido en directo para Facebook

- Consejos para que tus videos en vivo sean lo más atractivos y Estrategias para monetizar y utilizar la transmisión en vivo

- Instrucciones para usar las funciones avanzadas de la plataforma

- El futuro de la transmisión en vivo y Facebook Live

¡Y mucho más!

Capítulo 1: La historia de Facebook y La Transmisión en Vivo.

Como se mencionó en la introducción, la transmisión en vivo es una noticia *muy* grande para la web y es algo que muchos especuladores están observando muy de cerca en este momento. ¿Pero de dónde proviene la transmisión en vivo? ¿Qué es exactamente? ¿Y por qué se involucra Facebook?

Antes de profundizar en el quid de la cuestión y se discute cómo empezar y cómo crear contenido, vamos a rebobinar un poco y repasar algo de la historia de la transmisión en vivo y de Facebook para que pueda llegar a entender como hemos llegado hasta aquí...

¿Qué es la transmisión en vivo y por qué es importante?

Como su nombre indica, 'en vivo' significa que estés filmando vídeos y transmitiéndolos en vivo. Así que en lugar de crear contenido con una cámara, editarlo y luego subirlo a YouTube, en lugar de eso filma y emítelo en vivo directamente. Se trata de imágenes en bruto, transmitido en vivo y que es increíblemente emocionante.

Normalmente, la transmisión en vivo se realizará a través de una aplicación. Para ello, sólo hay que instalar la aplicación específica en su teléfono inteligente (que normalmente será bien Facebook, Meerkat o periscope) y luego pulsar el botón de empezar. También es posible configurar algunos detalles acerca de la naturaleza del video, dándole un nombre, una imagen y/o una descripción sencilla.

A partir de ahí, a continuación, graba con la cámara de su teléfono y cualquier persona puede ver en todo el mundo lo que se filmó, o le ven en su twitter que usted está en vivo. También hay plugins para su sitio web (si utiliza WordPress) que permiten a las personas ver si está en vivo y luego sintonizar para verle si así lo desean.

Entonces, ¿qué hay de este tipo de contenido que lo hace tan único y tan eficaz?

Bueno, mucha gente lo ha descrito como la cosa más cercana a tele transportarse. Si carga Periscope por ejemplo, puede ver un mapa que muestra de dónde vienen todos los feeds y luego simplemente seleccione el que desea ver. Esta es una experiencia bastante surrealista, ya que luego será transportado a la sala de una persona, o incluso a un concierto. Ahora puede ver el mundo a través de sus ojos, *como* está sucediendo. ¡Imagina poder ver conciertos en vivo, comedias o fiestas que no pudiste asistir!

E imaginar cómo esto podría afectar los acontecimientos mundiales una vez que esta forma de contenido realmente despegue! Imagínese si hubo un tsunami o un huracán y si pudiera ver los eventos que se despliegan desde múltiples puntos de vista en todo el mundo de una vez. ¡Sería casi como estar omnipresente durante ese evento!

Para los vendedores esto también es enorme. Hay algo que los espectadores encuentran sorprendentemente emocionante ver algo en vivo y esto también les da la capacidad de hacer preguntas, tener discusión y obtener retroalimentación en vivo.

Imagine revisar un producto que creó durante un feed en vivo. Usted podría construir una audiencia enorme y al mismo tiempo responder a las preguntas que se muestran e incluso mostrar otros aspectos del producto que de otro modo podría haber pasado por alto.

Muchos vendedores también están haciendo trasmisiones en vivo regulares: tener trasmisiones en vivo con sus espectadores sobre su taza de café de la mañana. Esto permite un nivel de intimidad sin precedentes que le puede ayudar a construir una relación mucho más estrecha con su audiencia y crear mucho más compromiso.

Estas son las razones por las que las personas están entusiasmados con contenido en vivo en línea y hay muchas otras posibles aplicaciones y usos para este tipo de contenido. Imagine poder ver un restaurante en vivo, justo en ese momento antes de reservar una mesa. O imagínese poder ver detrás de las escenas mientras su programa de TV favorito está siendo filmado.

La historia de Trasmisión en vivo hasta ahora

Antes de la participación de Facebook, la mayoría de la gente pensaba en periscope como el actor principal en las trasmisiones en vivo. En realidad, sin embargo, fue Meerkat que fue el primero en comercializar y que realmente pateó las cosas. Y entonces, nadie había oído hablar de Periscope, lo que hacía de Meerkat definitivamente una noticia muy emocionante para los expertos.

Meerkat estaba atrayendo mucha atención muy rápidamente entonces cuando se anunció por primera vez en marzo de 2015. A partir de entonces, logró crear una cantidad creciente de rumores y reunir una ráfaga de atención de los medios de comunicación. Irónicamente, Meerkat también trabajó muy de cerca junto a Twitter, lo que realmente ayudó a darle un impulso. En aquel entonces, Meerkat era conocido como "AIR" y más tarde "Yevvo '.

Pero pronto Twitter decidiría que simplemente apoyando Meerkat no era suficiente. El bombo que rodea la transmisión en vivo fue claro y por lo que la empresa necesitaba su propia oferta. Así compraron Periscope, más pequeño y menos conocido por una buena suma de $ 100 millones. Muy rápidamente, Periscope subió a la prominencia con Twitter detrás de él.

Periscope demostró muy pronto que hay una enorme audiencia y un enorme potencial para este tipo de contenido y eso es sin duda lo que despertó el interés de Facebook la "otra" red de medios de comunicación social masiva.

La historia de Facebook hasta ahora

Esa es la historia de la transmisión en vivo hasta el punto de participación de facebook. Pero ¿qué hay de la historia de Facebook en sí?

La mayoría de la gente sabe un poco acerca de la historia de Facebook gracias a la exitosa película *The Social Network.* A pesar de ser una buena película, sin embargo, muchos de los hechos presentados son inexactos y la historia sólo se basa libremente en los eventos reales.

Como se muestra en la película, Facebook era el niño de cerebro de Mark Zuckerberg que estaba estudiando en Harvard en ese momento. También como se muestra en la película, Mark había experimentado previamente un cierto éxito y controversia después de crear 'Face Mash'.

En la película, Mark se muestra como socialmente incómodo y usa Facebook como un medio para tratar de entrar en los clubes universitarios y atraer a las mujeres. De hecho, sin embargo, Mark ya estaba saliendo con su ahora esposa Priscilla Chan en el momento en que se le ocurrió la red social! También es más o menos precisa la representación de la asociación de Mark junto a su compañero y colega Eduardo Saverin. Es cierto también que la marca se enfrentó a cargos legales de los gemelos Winklevoss y su amigo Divya Narenda.

Sin embargo, es muy improbable que Mark realmente se inspirara en el trío al crear Facebook. De hecho, era de conocimiento público en ese momento que Harvard estaba trabajando en su propia red social, pero que estaban tardando mucho tiempo en completar el proyecto. Mark discutió abiertamente con "The Harvard *Crimson"* y parece más que probable que esta fue la competencia Estaba más centrado en

"Está claro que la tecnología necesaria para crear un sitio web centralizado está fácilmente disponible... los beneficios son muchos.

"Todo el mundo ha estado hablando mucho acerca de Facebook dentro de la Universidad de Harvard, dijo Zuckerberg. "Creo que es un poco tonto que a la Universidad le tomara un par de años conseguirlo. Puedo hacerlo mejor de lo que pueden hacerlo ellos, y puedo hacerlo en una semana"

Después de crear "The Facebook" en azul (debido a la ceguera al color de Mark) lo puso en la lista de correo en línea Kirkland House, que tenía 300 suscriptores. Al final de la primera noche, el sitio ya tenía entre 1.200 y 1.500 nuevos miembros.

Inicialmente, Facebook sólo estaba disponible para los estudiantes de Harvard, pero poco a poco se extendería a través de otras universidades y, a continuación, eventualmente ciertos negocios y escuelas antes de ser abierto al público. Este despliegue gradual realmente ayudó al sitio a recoger aire en esos primeros días. En 2004, Facebook se expandió para incluir a Stanford, Columbia y Yale y desde allí continuó creciendo.

A lo largo de los años que siguieron, Facebook seguiría añadiendo muchas nuevas características adicionales que hoy se consideran parte central de la plataforma. Por ejemplo, no era hasta 2006 que la compañía presentó su "News Feed" que recibió inicialmente un poco de críticas por los usuarios.

Y que no era hasta 2010 que vimos la introducción de un botón "Me gusta'. Este fue también el año en que se introdujeron los mensajes de Facebook.

Hoy en día, Facebook tiene más usuarios activos que la población de cualquier país en el mundo. De hecho, a partir de septiembre de 2015, 1.01 mil millones de personas estaban registrando en el sitio diariamente. Hay más de 1,39 mil millones de usuarios en Facebook móvil por sí solo, mientras que los botones Like y Compartir obtienen más de 10 millones de visitas al día en otros sitios web. Hay más de 300 millones de fotografías cargadas cada día y el usuario promedio pasará 40 minutos al día en el sitio!

Pero el impacto de Facebook puede incluso ser capturado con precisión por estos números ciertamente impresionantes. Facebook se ha convertido en mucho más que una simple red social y hoy en día se puede considerar una parte integral de la vida moderna. Muchos términos tales como "amigos" y "Like" se han añadido al léxico global y Facebook ha tenido incluso podría decirse que un impacto en la manera en que socializamos y en nuestra psicología en términos más generales. Esto no es sólo una herramienta, esto es algo que está cambiando fundamentalmente la interacción humana.

Adquisiciones, desarrollo y transmisión en vivo

Es en este contexto que tenemos que ver los intereses de Facebook en transmisión en vivo y su movimiento en esta área. Para una herramienta que realmente ha alterado la forma en que nos comunicamos y la forma en que mantenerse en contacto, la transmisión en vivo tiene todo el sentido del mundo.

Facebook nos permite compartir nuestras experiencias con personas de todo el mundo subiendo fotos y escribiendo comentarios. Pero ahora va un paso más allá por permitirnos compartir esos momentos y recuerdos *vividos* con la gente.

Y teniendo en cuenta los miles de millones de usuarios diarios, no hay ninguna empresa en el mundo que esté tan bien preparada para este mercado. Periscope y Meerkat están, sin duda, preocupados!

Capítulo 2: Facebook Live, Lo Que Usted Necesita Saber Para Empezar

En este punto en la historia que usted conoce el estado de Facebook y usted sabe el estado de la trasmisión en vivo. Ahora es tiempo para ver cómo los dos se enamoraron el uno del otro. Y una vez que haya sido introducido en Facebook Live, puede aprender los conceptos básicos para empezar!

Facebook Live fue introducido en diciembre de 2015. Y de inmediato, Facebook realmente hizo un gran empujón por ello. 1 de Marzo de 2016 en realidad lo demuestra:

"Hemos lanzado Facebook Live en iOS en diciembre y la semana pasada comenzamos a publicar en Android en los Estados Unidos. En los últimos tres meses, el video de Facebook Live se ha vuelto cada vez más popular y cada vez más personas y páginas crean y ven videos en directo. "

La compañía declaró que la gente ve videos de Facebook Live tres veces más que otros contenidos de video en el sitio. En respuesta, la compañía ajustó el algoritmo para fomentar más visibilidad para este tipo de contenido.

"Ahora que más y más personas están viendo los videos en vivo, estamos considerando los Videos En Vivo como un nuevo tipo de contenido - diferente de vídeos normales - y aprender a clasificarlos para las personas en el News Feed. Como primer paso, estamos realizando una pequeña actualización de News Feed para que los videos de Facebook Live sean más probables que aparezcan más altos en News Feed cuando esos videos estén realmente en vivo, en comparación con los que ya no están en vivo. La gente pasa más de 3 veces más tiempo viendo un video en Vivo, en promedio, en comparación con un vídeo que ya no es directo. Esto se debe a que los videos de Facebook Live son más interesantes en el momento que después de la emisión."

Facebook también establece que los usuarios son en realidad más *comprometidos* con el contenido en vivo - y que los espectadores están con diez veces más probabilidades de dejar un comentario en un vídeo en directo frente a uno que no esté activo.

Todo esto es una señal clara de que Facebook ha invertido en Facebook Live desde el principio y ahora la característica se ha extendido para incluir a personas de todo el mundo (Facebook Live estaba inicialmente sólo disponible en los EE.UU.). También introdujeron algunas nuevas características interesantes (Más sobre esto más adelante) como "reacciones" y la capacidad para publicar contenido en directo dentro de los grupos. La compañía también introdujo últimamente, filtros, similares a los encontrados en Instagram. El 'Facebook Live Map' es también otra señal de que Facebook está invertido en esta tecnología.

Mark incluso llegó a decir en *"Buzzfeed News",* 'no se sorprendan si en el avance rápido de cinco años, la mayoría del contenido que la gente ve en Facebook y están compartiendo en una base del día a día es vídeo'.

Esto también funciona en conjunto con otras características como " Sports Stadium", para agregar comentarios deportivos, que tiene como objetivo proporcionar información en directo y La cobertura de los deportes a medida que los estamos viendo. La compañía ha mostrado incluso interés en eventos deportivos livestreaming para sus usuarios!

Cómo utilizar Facebook Live

A pesar de todo este bombo, la excitación y el enfoque, sin embargo, lo que realmente no puede haber sido tan difícil pasar por alto la introducción de Live. La característica "apareció" sutilmente en la aplicación y allí no era todo lo que lo un usuario desea o tiene en perspectiva. Por lo tanto, bien puede ser completamente inconsciente de cómo iba a ir esto de la creación de un video en vivo!

La primera cosa a reconocer entonces es que ésta es una herramienta que usted utiliza con la aplicación de Facebook y no algo que usted puede hacer a través del sitio Web. Esto está en consonancia con otros tipos de aplicaciones de transmisión en vivo como Periscope y Meerkat.

1.- Dígale a los fans cuando estará retransmitiendo.

Anticípese y permita que su audiencia sepa que usted va a retransmitir mediante un post escrito.
Hemos encontrado un aviso, dándole a la gente la cantidad correcta de tiempo, un día, para sincronizar.

●●●●● Facebook 🛜

2.- Emita en vivo cuando tenga una conexión fuerte

Compruebe la aplicación para asegurarse de que tiene una señal fuerte antes de entrar en directo.
Con Wifi tiende a funcionar mejor, si no puede encontrar una red cercana, usted deberá utilizar una conexión 4G.
Si tiene una señal débil, le aparecerá el botón "Emitir ahora" aparecerá atenuado.

Una vez que haya cargado la aplicación, a continuación, puede dirigirse a su página, su perfil o un grupo. Pero todavía no aparece aparente como poder transmitir en vivo! Esto es porque está escondido y para encontrarlo tiene que hacer clic en el cuadro de estado como si fuera a escribir un estado.

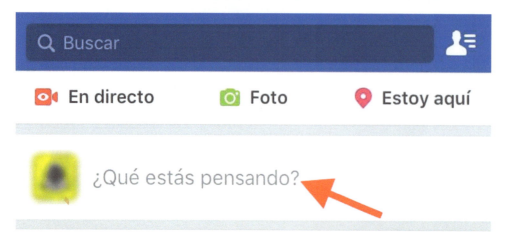

Una vez que hace clic en "que estás pensando", a continuación, saldrán unas opciones al final de la parte inferior y una de ellas es la opción de transmisión en vivo. Esto se parece a una pequeña figura silueteada con las ondas de radio que emiten de su cabeza.

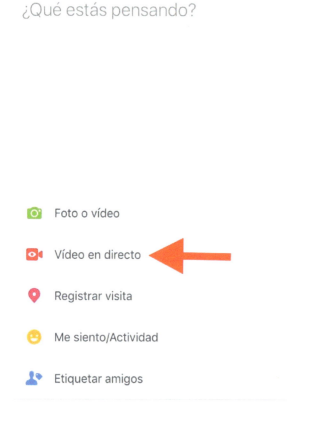

Haga clic en ello y a continuación, será llevado a otra pantalla. Aquí, usted verá su cámara frente a frente junto a la opción de crear un título y la palabra 'transmitir'.

Después de un par de segundos, el signo 'transmitir' se convertirá en un botón azul que dice 'En Vivo'. Como usted puede imaginar, simplemente tiene que hacer clic en este botón para comenzar a transmitir en vivo a su audiencia.

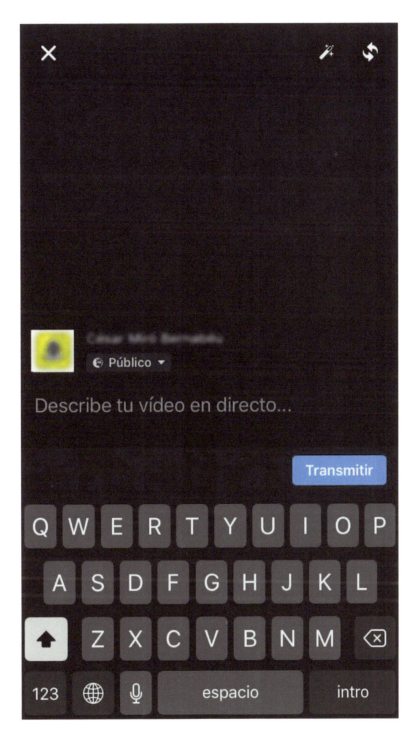

Describir el video en vivo es, por supuesto, importante. Esto es lo que va a permitir que la gente sepa acerca de lo que estés publicando y si es o no interesante de ver.

3.- Escribe una descripción pegadiza antes de entrar en vivo.

Una gran descripción captará la atención de la gente y les ayudará a entender de lo que va a tratar su emisión.

Al mismo tiempo, también se puede configurar con quién está compartiendo la trasmisión en vivo. Si se pulsa el botón en su propia página de perfil personal, entonces se dirigirá debajo de 'Amigos'. Toque en eso y puede decidir compartir públicamente su feed en directo, o puede elegir compartirlo de varias maneras:

- Tu ciudad natal

- Su área actual

- Tus amigos cercanos

- Tu familia

- Solo tu

- Solo Amigos

Esta es una excelente manera de experimentar con su propia transmisión en vivo: puede intentar crear un video y compartirlo con solo usted mismo. Esto le permitirá ver cómo se ven los videos y probar usando la configuración sin avergonzarse a sí mismo con un video de baja calidad que será visto por todo el mundo que usted conoce o cada persona que lo sigue!

Tenga en cuenta que también puede cambiar dónde está publicando y quién está publicando. Verá su propio perfil en la parte superior izquierda, pero si decide publicar en su página de negocios en su lugar, a continuación, verá que en lugar de su perfil privado. Por ejemplo, si usted tiene un negocio llamado 'Negocios Internacionales' y publica por medio de la página, a continuación, usted verá que usted está publicando como 'Negocios Internacionales' y será automáticamente público, lo que significa que todo el mundo será capaz de verlo. No puedes cambiar esta opción.

Por último, si publica en un grupo, sólo los miembros de ese grupo podrán ver el flujo. Esta es una gran característica si usted está planeando una fiesta o evento, por ejemplo. Esto significa que se puede subir videos del lugar que va a ser la fiesta, o incluso se puede transmitir eventos a medida que ocurren sólo las personas 'en el grupo' serán capaz de verlo.

Tenga en cuenta que una opción más es cambiar entre la cámara frontal y posterior de su dispositivo. Esto es útil para cambiar entre su propio comentario y las cosas que desea que otras personas vean.

Esta es la forma básica de usar Facebook Live para crear flujos en vivo. Hay en realidad mucho más que aprender y utilizar, sin embargo, por lo que durante el próximo par de capítulos vamos a estar mirando a las funciones más avanzadas y cómo los compara con las funciones disponibles a través de otras plataformas como periscope.

Lo que los vendedores necesitan saber

En la última sección se analizó cómo crear un video de Facebook Live en general. Como vendedor, sin embargo, está buscando crear un tipo muy específico de vídeo con un tipo muy específico de objetivo.

Básicamente, usted va a querer crear su vídeo de su página. La mayoría de las empresas, blogs y marcas deben usar una página de Facebook para promocionarse en lugar de usar un perfil. Para empezar a transmitir desde aquí, a continuación, simplemente tiene que tocar el botón 'Publicar', a continuación, toque en cualquier lugar del campo de texto y luego elegir la opción video en vivo.

Este será automáticamente un video público que significa que cualquiera puede verlo si visita su página y quiere decir que sus espectadores pueden compartir sus videos con otros amigos.

Pero en su mayor parte, sólo las personas que están siguiendo su página podrán ver el contenido que va a crear, a menos que conozcan a alguien que sea su fan y este lo comparta. Esto significa que la mejor manera de crear su audiencia es crear más seguidores para su página.

La buena noticia es que las transmisiones en directo que creas tienen más probabilidades de ser vistas por tus seguidores que otros tipos de contenido. Ese es posible ya que Facebook está realmente empujando a este tipo de contenido y, por lo tanto, quieren que sea un éxito! Si bien no está claro cómo muchos de sus seguidores verán automáticamente el material de archivo, lo que es cierto que esta es una manera eficaz de ponerse en contacto con sus seguidores.

Lo que también es útil es que sus seguidores pueden elegir suscribirse a sus feeds en directo y de esta manera, ellos estarán notificados la próxima vez que vaya a emitir en vivo!

A medida que transmite, usted también podrá ver cuántas personas están viendo su contenido y usted será capaz de ver cualquier comentario o reacciones que las personas dejan. También pueden publicar sus reacciones de los emojiis 'o' caritas ' con el fin de mostrar su agradecimiento, apoyo o vitriolo...

Una vez que haya terminado de grabar, sólo tiene que puntear para detener. En este punto, el vídeo se acaba pero permanece en su página de Facebook para que la gente pueda seguir viéndolo, comentándolo y dar 'me gusta'. Esto significa que obtendrá todos los mismos beneficios que obtendría normalmente al publicar un video en vivo, pero sólo con una mayor exposición al inicio.

Una ventaja añadida es que las personas tendrán también *otras* formas de descubrir su contenido. Por ejemplo, se puede utilizar el 'Facebook Live Map' con el fin de ver las corrientes públicas de todo el mundo. Esto crea una oportunidad fantástica para que usted alcance una audiencia más amplia y ganar a más seguidores y conseguir más exposición como resultado.

Recuerde, desde el punto de vista de marketing una de las grandes fortalezas de la transmisión en vivo es su capacidad de interactuar con su audiencia. Así que asegúrese de que está haciendo esto: responda a los comentarios que vea y saluda a las personas que inician sesión!

Esta es una de las experiencias más extrañas como espectador. Al iniciar sesión en Facebook Live y ver a alguien decir: Hola Juan! ¡Gracias por acompañarme! ¿Tiene usted alguna pregunta? '. Esto *realmente* aumenta el compromiso y muestra al público lo emocionante que es estar presente, allí mismo, en ese momento.

Capítulo 3: Características Avanzadas y Consejos

Ahora usted está en marcha y funcionando con Facebook Live, podría ser útil tener en cuentas algunas de las otras características que ofrece la plataforma y algunas de las otras estrategias que puede utilizar para obtener una audiencia aún más grande y tener éxito en la plataforma.

En los capítulos siguientes, vamos a ver con más detalle cómo se puede asegurar que los vídeos en sí sean tan buenos como sea posible.

Edición de vídeo

Una cosa muy interesante que se puede hacer con Facebook Live es editar sus vídeos una vez que se hayan publicado. Este es un gran beneficio, ya que significa que usted puede hacer algo profesional de su transmisión en vivo! Esta es una característica que no existe con las otras herramientas de streaming en vivo del mercado y es probablemente una de las *mejores* características que distinguen Facebook Live como la mejor opción por ahora.

Hacer esto es lo mismo que editar cualquier otro video que haya publicado en Facebook. Todo lo que necesita hacer es hacer clic en la fecha del mensaje en la línea de tiempo para acceder a ella y luego seleccione 'Editar video'.

Entonces será llevado a la página donde Editar el vídeo. Tendrá: Información básica, Subtítulos y Avanzada. Clic en 'Información Básica' y se puede elegir una categoría para el vídeo. Esto hará que su video sea más fácil de encontrar. También puede crear un título y subir una miniatura. Crear grandes miniaturas es una estrategia muy importante para conseguir que más gente vea tus videos. Facebook, como YouTube, generará automáticamente miniaturas basadas en el contenido del video pero también se puede recoger imágenes en miniatura de sus fotos existentes, o subir fotos que utilice usted mismo.

También hay características más avanzadas aquí también. Si se dirige a 'Subtítulos', por ejemplo, entonces usted puede seleccionar para cargar un archivo SRT y así añadir los subtítulos a los pies de cada filmina del video. Otra opción es seleccionar Avanzado.

Aquí puede encontrar opciones relacionados con la distribución, lo que le permite prohibir la incorporación. Si marca este botón (esta desactivado por defecto), entonces sus fans no podrán ser capaces de añadir el vídeo a sus propias páginas. Por supuesto, como un vendedor, su objetivo es obtener que su video sea visto por tantas personas como sea posible. Esto significa que *deseara que* la gente comparta su contenido y deseara que sean capaces de integrar los videos. En pocas palabras, dejar este botón desactivado!

También al igual que otros videos en su página, usted será capaz de ver los comentarios y puntos de vista que se producen después de que ha subido el vídeo para obtener el número total de me gusta y de las veces que se compartió.

Visualización del mapa en vivo

Una de las mejores maneras de entender realmente Facebook Live y para empezar con él, es empezar a ver el contenido de otras personas. Y tan pronto como empiece a ver un video y alguien le da la bienvenida por su nombre, va sin duda a comprender la naturaleza surrealista, voyeurista de Facebook live.

Para utilizar el mapa, sólo hay que consultar http://www.facebook.com/livemap.

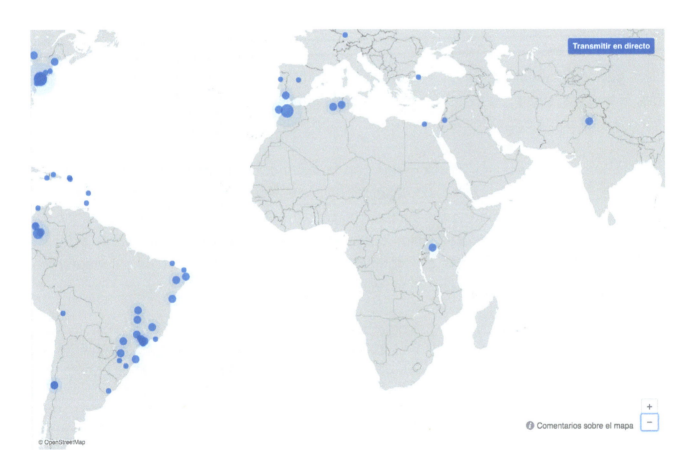

Esta es una característica que se ha tomado prestado de Periscope, que es una buena jugada, ya que es una de las características más populares y algo que se echa en falta mucho en Meerkat.

Lo que usted verá cuando usted visita esta página, es un mapa simple gris con círculos azules que muestran dónde se están emitiendo Facebook Live en ese mismo instante. Se dará cuenta de que hay zoom en algunas áreas para poder ver bien todos los círculos.

A continuación, puede mover el cursor para mover la posición del mapa y si se pasa sobre un círculo azul, usted será capaz de obtener una vista previa del vídeo que muestra cuántas personas están viendo, la miniatura y la descripción. A partir de ahí, puede decidir si desea verlo o no.

Antes de emitir un primer Facebook Live mismo, recomendamos encarecidamente que eche un vistazo a este mapa y vea algunos de los contenidos creados por otros usuarios. Esta es una gran manera de ver cómo funciona desde el punto de vista de los espectadores y es una gran manera de conseguir ideas de qué hacer... y qué no hacer!

Cuando se mira por aquí, verás que hay una gran brecha en términos de la calidad del contenido. Algunos videos son transmisiones en vivo de eventos deportivos o programas de televisión. Otros están claramente creados por experimentados YouTubers y comerciantes que saben cómo mantener una audiencia. Algunos son carreras de coches o de deportes extremos.

Otros son estilos poco profesionales y a menudo tienen cero puntos de vista, ósea ningún me gusta, ningún compartido y ningún comentario. Aprender lo que funciona y lo que no, así podrás tener indicios de los que la gente quiere ver y lo que no quiere ver.

Tenga en cuenta que en el mapa, en realidad se puede ver de donde algunos espectadores están viniendo. Esto se indica por las líneas trazadas de una parte del mundo a otra. Así que si una *gran cantidad* de personas en el Reino Unido están viendo un vídeo en los EE.UU., a continuación, una delgada línea se dibujará que viaja desde el Reino Unido hacia el círculo en los EE.UU... Usted también notara que algunos círculos son más grandes y algunos incluso parecen parpadear.

Estos son indicadores de que una emisión en vivo tiene un número particularmente elevado de puntos de vista y que le permite identificar rápidamente las corrientes más populares sin tener que colocar el ratón sobre cada uno para rastrear contenido que vale la pena ver. Por supuesto 'más populares ' y 'vale la pena ver ' no siempre es lo mismo pero muy a menudo van de la mano más de lo que parece.

Para ver un video, simplemente haga clic en él. A partir de aquí, a continuación, puede comentar sobre el video igual que lo comentaría en cualquier otro vídeo, o puede 'reaccionar ' de la misma manera que lo haría normalmente (haga clic o pase sobre el botón para ver las opciones).

Una vez que termina una emisión en vivo, que mostrará las palabras "Este video en vivo ha terminado ', y se informará de que serás capaz de ver pronto en el perfil del usuario.

Capítulo 4: Facebook Live VS Periscopio VS Meerkat

En este punto, usted debe estar convencido de que esperar en sus trasmisiones en vivo. Los números, la reacción de los medios de comunicación y el gran *potencial* deberían ser suficiente para convencerte de que este es en gran medida el futuro de los contenidos en línea y sin duda el futuro del vídeo en línea.

Eso tampoco quiere decir que no hay más lugar para el vídeo pregrabado. Simplemente significa que usted debe estar involucrado en esto si es un vendedor, y si quiere sacar el máximo provecho de esta oportunidad nueva y excitante.

Pero la pregunta sigue siendo: ¿Hay que elegir Facebook sobre las otras opciones de video en vivo? ¿Es Facebook Live la mejor opción para apostar si estás dispuesto a invertir tiempo y esfuerzo en emisiones en vivo gratis?

Las ventajas de Facebook Live

Nosotros estamos dispuesto a salir aquí y decir de manera inequívoca: sí. Facebook Live es sin duda la mejor opción para la transmisión en vivo.

Facebook Live tiene las mejores características y opciones cuando se trata de crear un emocionante contenido en vivo y compartirlo. El hecho de que se puede guardar todo el contenido de forma permanente es la única razón suficiente para involucrarse, como es el hecho de que usted puede promover todo el contenido y que se puede compartir con sus seguidores ya existentes en su página.

Pero lo que *realmente* hace la gran diferencia y da a Facebook su enorme ventaja respecto a la competencia es la enorme cantidad de acoplamiento de la plataforma con Live y el hecho de que se puede llegar a un público más gigantesco sin tener que convencerlos de participar.

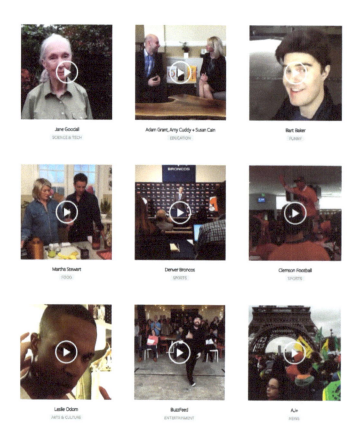

Mientras que usted y nosotros ahora sabemos que el vídeo en directo es muy posiblemente el futuro de Facebook y de la web en general, esto no es algo que su abuela sepa o que muchos de sus amigos probablemente sepan. Si bien puede parecer que hay una gran cantidad de usuarios en periscope, esto palidece en comparación con el número de usuarios en Facebook, Twitter o Instagram.

Así que si usted realmente desea conseguir que la gente vea su contenido en esa plataforma de periscope, va a tener que convencerles primero a inscribirse en esta plataforma en primer lugar! Eso significa que usted necesita mandar algún mensaje a su público a través de otro canal, tal vez una lista de correo o tal vez incluso Facebook, después convencerlos para crear un perfil de periscopie / descargar la aplicación y, después, convencerlos para sintonizar cuando este trasmitiendo en vivo!

Por el contrario, para empezar a hacer un contenido en Facebook que logrará ser visto por gran número de personas, todo lo que tiene que hacer es empezar a grabar. De inmediato sus vídeos van a aparecer en su perfil, la gente lo vera sin que tengan que hacer nada y sin que ni siquiera tengan necesidad de entender lo que es 'Facebook Live'. Tan pronto como se empieza a ver, sin embargo, se puede decir 'hola ' y la gente puede interactuar. La diferencia es sutil pero enorme y tiene un enorme impacto en los espectadores y en sus tasas de conversión.

Al comienzo del año, todo el mundo estaba muy emocionado con periscope y Meerkat y la especulación era común en cuanto a que 'ganar'. Apple nombró a periscope la mejor aplicación para iOS de 2015. A continuación, Facebook llegó a la escena unos meses más tarde y cambió *todo*.

Y un comentarista resumió lo que significa todo esto perfectamente. Vincenzo M. Landino, OCM, quincuagésimo 2 creativo y anfitrión de la marca Boost Podcast dijo:

"Facebook Live va a cambiar completamente la percepción y la corriente principal de la transmisión en vivo después de abrirlo a todo el mundo, y marcará un golpe de distancia con todas las otras opciones en el mercado.

"Facebook recogiendo transmisión en vivo de las masas da crédito a la transmisión en vivo en movimiento. Lo que los vendedores no pueden reconocer es que la mayoría de los usuarios de medios sociales no están al tanto de las últimas aplicaciones, y muchos quieren utilizar una aplicación para todas las funciones. Facebook está tomando esa posición. "

(Tenga en cuenta que Facebook comenzó realmente a dejar que la gente usara Facebook Live mucho antes de diciembre, pero en un primer momento la herramienta era exclusivo y se llamaba "Facebook Mentions" y solo era para personalidades conocidas y famosas.)

Características y Especificaciones

En términos de características, Facebook también se las arregla para mantenerse al día con periscope y Meerkat en casi todas las facetas y en muchos casos continuar su avance.

En cuanto al número de usuarios, Facebook esta de lejos por delante. Después de Facebook es periscope el que tiene la ventaja sobre Meerkat, mientras que otra opción llamada "Blab" se encuentra justo detrás (aunque está todavía en fase beta).

En cuanto a la interfaz, periscope es muy similar a Facebook. Al iniciar la sesión, se le presenta un mapa en primer lugar, y esto es muy intuitivo y bien organizado. A continuación, puede ver dónde están los periscopes que están trasmitiendo y elegir los que desea ver. También puede ver una lista de vídeos actuales. El diseño del periscope es nítido, limpio y sobre todo azul. Una vez más, se ve algo similar a Facebook.

La interfaz de usuario y el diseño de Meerkat por el contrario son considerablemente menos impresionante e incluso se siente un poco amateur. Meerkat utiliza un esquema de color muy amarillo que algunos encontrarán un poco estridente y la única vista disponible es en realidad una lista de los diferentes videos y la opción de búsqueda. Es mucho menos intuitiva para encontrar cosas nuevas y puede ser considerado un poco lleno y desordenado.

Una vez que haya terminado de grabar, periscope almacenará sus vídeos durante 24 horas, dejando que otras personas lo vean después a pesar de que se perderá. Meerkat no guarda los vídeos en absoluto, sin embargo, lo que significa que desaparecera tan pronto como termine. Por último, Blab en realidad le permite mantener sus vídeos para siempre. Los veremos en un momento, sin embargo Blab es muy diferente y no es realmente comparable a las otras plataformas.

Por esa razón, entonces, Facebook es realmente la única opción si desea conservar el vídeo que tanto nos ha costado crear. Este es otra *masiva* ventaja y otra razón grande para que Persicope y Meerkat puedan estar en riesgo de convertirse en obsoletos tan pronto después de tu estreno en el mercado.

Una característica interesante que Meerkat *no* tiene a su favor, aunque es la opción de utilizar imágenes en sus videos.

Otra ventaja práctica que tienen estas tres herramientas como Facebbok, Periscope y Meerkat es la capacidad de 'programar' un vídeo.

El impar hacia fuera: 'Blab'

Tenga en cuenta que Blab es un poco diferente de las otras opciones aquí expuestas y es en cierto modo un poco de un producto híbrido. Mientras que los otros son "una manera", Blab es en realidad más una herramienta de conferencia en vivo que también es transmitida en directo. Esto le permite transmitir un video y luego invitar a la gente a la 'conferencia' para discutir con usted. A continuación, puede tener hasta cuatro personas en directo a la vez, todos discutiendo un tema determinado y las personas invitadas dentro de la sala pueden cambiar.

Mientras que sólo una persona 'acoge' la retrasmisión, cuatro personas pueden participar a continuación y los seguidores de los cuatro participantes pueden ver los vídeos en sus feeds. Esto hace de Blab una herramienta increíble para marketing influyente que podría hacer una AMA y todo el que participara como invitado promovería a su público. Del mismo modo, se puede ver un video de Tay Lopez y tal vez tener la oportunidad de estar adentro en el video con él y ser visto por todo el mundo que es fan de él. Blab también tiene como aplicación interesante una herramienta para hacer frente a la ansiedad social, ya que proporciona un ambiente seguro para participar en un debate en directo con extraños. Y para los vendedores, permite en realidad hablar *directamente* con sus visitantes.

Mientras periscope y Meerkat necesitan rápidamente su juego, Blab es interesante y único y aún podría ser útil como un área adicional para invertir algún tiempo en él.

Capítulo 5: Ideas Para El Contenido

Así que ya saben la historia de la transmisión en vivo, usted sabe cómo Facebook se inició con la transmisión en vivo y usted sabe cómo empezar. Esperamos que esté empezando a ver todo el potencial de este nuevo medio y tal vez su mente empiece a rebosar con ideas para el contenido emocionante que puede crear.

Para ayudarle un poco más sin embargo, vamos a echar un vistazo a más tipos de contenido que usted puede crear con las trasmisiones en vivo.

Compartir momentos emocionantes

Si usted está construyendo una marca personal, entonces podría estar tratando de crear una imagen de sí mismo. Con toda probabilidad, esa imagen será de alguien que tiene una gran vida y que está constantemente haciendo algo emocionante, interesante o cosas únicas.

De esta manera, sus seguidores pueden verle a usted como alguien que ha conseguido su vida tan deseada y si quieren llevar una vida similar, entonces serán mucho más propensos a escuchar su consejo y leer su información.

Mientras tanto, usted quiere que su público se sienta comprometido y que pueda construir la confianza necesaria para que puedan leer su contenido y por consiguiente van a creer lo que tiene que decir.

Por todas estas razones, simplemente compartir momentos emocionantes es una gran opción y esto también le ayudará a destacar y llegar a personas que tal vez no estén interesados en su marca.

Por ejemplo, me fui a hacer trekking recientemente a través de los Alpes suizos con un amigo. Tengo una marca personal que es todo acerca de ser un nómada digital y un estilo de vida libre, amante de los viajes y la aventura por el trabajo en línea. Entonces este viaje fue la cosa perfecta para compartir en mi canal. Sostuve la cámara en la cumbre de la montaña y empecé a compartir con el público lo quieto y tranquilo que se estaba en la cima de la montaña. Este tipo de cosas son muy interesantes también, compartiendo ese momento a sus seguidores les haces sentir como si estuvieras viviendo la aventura con ellos.

Del mismo modo, es posible optar por transmitir un concierto al que asistas, u otro evento en vivo. O tal vez es posible transmitirse a sí mismo llegando a un nuevo hotel o en una fiesta o festival. Compartir sus momentos más emocionantes es lo principal.

Vlogging

Pero si YouTube nos ha enseñado algo, es que sea el contenido que sea el que compartes, no tiene que ser emocionante en absoluto. Vlogueros en YouTube suben videos de ellos mismos en los cuales solo hacen nada más que hablar y presentar a su público y muy a menudo esto incluye nada más que simplemente una idea de su vida cotidiana.

Hay muchos vlogueros populares en YouTube, por ejemplo, que no hacen más que proporcionar la narración mientras que hacen sus actividades diarias.

Otros sólo hablan a la cámara. Este es el *perfecto* tipo de contenido para una marca personal, ya que permite que usted pueda participar aún más con su público y que el nivel de conexión y de confianza sea máximo, y hará toda la diferencia cuando se trata de conseguir más ventas, seguidores y suscripciones.

Otro consejo es utilizar vlogging que este en consonancia con su nicho de mercado / industria. Una de las opciones más populares, por ejemplo, es para transmitir vídeos de entrenamientos. Esto es perfecto para cualquier persona que está tratando de ejecutar un blog de fitness o vender productos de fitness.

Los Grandes Formatos para Trasmisiones en Vivo

Éstos son algunos de los grandes formatos más corrientes:

Tips o Consejos

Una cosa para recordar al crear su contenido es que el Tip o Consejo lo entiendan bien las personas que se acaban de incorporar a la retrasmisión en vivo, así como las personas que han estado observando desde el principio. La mayoría de los espectadores probablemente no miran desde el principio.

Esto hace que la estructuración de su vídeo de 'consejos' perfecta porque la gente puede entender cada parte del video que vean, sin necesidad del contexto de la última parte. Este formato es perfecto para hablar libremente sin dejar de tener algún tipo de estructura. La idea es hacer que la audiencia se mantenga y hacerle llegar de nuevo al asunto principal, pero ser capaces de hablar libremente sobre cada punto.

Retrasmisiones de Comentarios

El vídeo en directo es ideal para un espacio de revisiones de productos. De nuevo, esto le da un buen enfoque al mismo tiempo que le permite hablar libremente. Al mismo tiempo, una revisión funciona bien en vivo, porque los espectadores pueden hacer preguntas y pedir ver cosas específicas o una demo específica. Lo que funciona *especialmente* bien, por supuesto, es revisar sus propios productos. En este punto, se vuelve un poco como hacer un pedido a través de la televisión.

AMAs

Un AMA es un "pregúntame cualquier cosa". Esta idea fue popularizada por Reddit y es casi una forma de Noticias en vivo en su propio perfil y en ese formato. Es también ideal para discutir las cosas directamente con su público.

Retrasmisiones de Entrevistas

¿Por qué no realizar una entrevista? Esto significa que los espectadores pueden participar con dos personas a la vez y al mismo tiempo, esto significa que usted puede añadir sus propias preguntas.

Retrasmisiones de Discusión

Otra opción para hacer algo de marketing influyente. Conseguir a alguien bien conocido en su nicho de mercado y discutir el tema con él o ella para que todos lo puedan ver en su Facebook Live. Los espectadores pueden participar.

Tours

Un paseo por su casa, su oficina o incluso su negocio en la ciudad es una gran manera de ser personal y abierto con su audiencia, así como para construir su imagen de marca personal.

Capítulo 6: Cómo Crear La Participación En Un Facebook Live

Hay algunos aspectos de Facebook Live que son exclusivos de cualquier otra forma de contenido. En cierto modo, lo que crea una cuenta en Facebook Live tiene que ser diferente de los vídeos que crearía para YouTube. Este contenido tiene desafíos únicos, como tratar con el hecho de que muchas personas no les vean desde el principio y tiene ventajas únicas, como la capacidad de interactuar con los espectadores.

Pero, al mismo tiempo, otros aspectos son los mismos. Algunos de los consejos para crear grandes videos en vivo, son precisamente los mismos que los consejos para crear grandes videos en general. Vamos a echar un vistazo a los dos...

Cómo crear vídeos profesionales

Al crear videos con Facebook live, que van a ser limitados en términos de calidad de vídeo por la cámara de su teléfono. Asegúrese de que usted invierte en un teléfono de buena calidad, con una buena cámara adjunta. Aunque nunca se puede ser capaz de lidiar con la calidad de la producción que se ve en los vídeos de YouTube utilizando cámaras DSLR, todavía se debe tratar de hacer la experiencia del video, tan nítido y claro para los espectadores como sea posible mediante la inversión en un teléfono con cámara de buena calidad.

Pero lo que es en muchos aspectos más importante es su iluminación. Si nos fijamos en el Facebook Live Map, usted verá una gran cantidad de videos que se ven a oscuras, granulados y sucios. Esto es inmediatamente desagradable para sus espectadores la gente no quiere tener que entrecerrar los ojos a través del ruido para ver el material de archivo.

La grabación de sus vídeos con una buena iluminación puede hacer un gran aumento de su calidad y subir en cientos de personas la visualización de sus videos en vivo. Así que o invertir en una caja de luz o simplemente asegurarse de que este en un área bien iluminada por una ventana. Si se sienta cerca de una ventana, es generalmente mejor sentarse en un ángulo recto a la misma de manera que la mitad de su rostro se ilumine. Esto se llama "iluminación de Rembrandt " y es una de las maneras más favorecedores para iluminar su rostro.

Del mismo modo, asegúrese de que se vea bien! A menos que su objetivo sea crear una sensación muy personal, usted no quiere que parezca que se acaba de levantar de la cama. Use ropa elegante (sin parecer ir a una boda) y compruebe usted mismo en un espejo. Piense en su video, vestido así y en lo que desea filmar. ¿Lo que está detrás de usted? Asegúrese de que sea un fondo de un mismo color.

Del mismo modo que se puede mejorar la calidad de la imagen sin cambiar la cámara, lo mismo pasa con la calidad de sonido. Obtener un teléfono con un buen micrófono así como la acústica de la sala en la que este y asegúrese de hablar con claridad. Evitar el ruido de fondo es siempre preferible también!

Contenido profesional

En la presentación de su video, trate de hablar despacio y con claridad y proyectar su voz lo más que pueda. No grite, pero sin duda tampoco murmure.

¿Quiere probar y crear un sentimiento íntimo y personal para estos vídeos? Pero eso no significa que sólo puede divagar sin planificación. Los mejores vídeos tendrán algún tipo de enfoque y algún tipo de objetivo a fin de tratar de usar las puntas de contenido por encima de la estructura de su vídeo de una manera que le permite seguir regresando al punto y que evita cualquier tangentes masivas.

Deje que su audiencia interactúe con usted y asegúrese de reconocerlos cuando se conectan o cuando comentan. Y recuerde que es lo que usted necesita para atender a las personas que se acaban de incorporar al video en vivo y mantener el enfoque de lo que se ha dicho y recordar que no todo el mundo ha estado observando desde el inicio.

Capítulo 7: Cómo Aumentar Sus Seguidores

La mejor manera de aumentar su siguiente de Facebook Live es simple: aumentar su audiencia en Facebook en general! Si puede hacer crecer su audiencia en Facebook, entonces todo se comparte automáticamente y será visto por un público más amplio. Por supuesto, puede promover sus videos en vivo de forma independiente, pero la mayor parte de su crecimiento provendrá de las técnicas de marketing de Facebook para conseguir seguidores probados y verdaderos.

Afortunadamente, no hay escasez de estas técnicas

Facebook Marketing de Contenido de Valor

La mejor manera de crecer en Facebook es lo mismo que lo es para casi cualquier otro tipo de plataforma en línea y fuera, es decir, ofrecer *valor*.

El objetivo es conseguir el mayor número posible de personas que quieran leer su contenido y quieran compartirlo para que sus amigos vean esa información al igual que ellos, y hacer comentarios al respecto. Para ello, es necesario crear una página que proporcione un servicio. El error que muchos vendedores y marcas hacen es utilizar su página de Facebook simplemente como un lugar para anunciar sus productos y para tratar de animar a la gente a comprar. Utilizan esto simplemente como una plataforma para publicar cosas como '¿Por qué no comprar hoy y perder la cabeza?? "Y luego se preguntan por qué no venden sus productos o servicios!

¿La respuesta? Se trata esencialmente de mensajes no deseados!

Entonces, cómo se puede crear algo que la gente realmente quiera leer. Pregúntese: ¿Sería *usted* un seguidor de su propia página con él formato en que se encuentra actualmente? Si no, entonces preguntarse cómo se puede hacer que sus mensajes sean más interesantes y más útiles.

Algunas estrategias principales incluyen:

- Compartir el contenido que se encuentra a través de Internet, donde usted puede ver el tipo de contenido que va a exponer antes de verlo su audiencia.

- Compartir el contenido que usted desarrolle, y asegurarse de que ofrece algo único y que ofrece un verdadero valor

- La colaboración con sus seguidores y responder a sus preguntas

- La promoción de las ofertas especiales que proporcionan un valor real a sus seguidores y que les ayudan a ahorrar dinero

Si hace todo esto, entonces usted debe llegar al punto que sus medios de comunicación social son *en sí mismo* casi una forma de servicio.

Y un consejo: recuerde que la gente utiliza Facebook como medio de comunicación. El contenido más exitoso en términos de acciones es a menudo el contenido que la gente puede utilizar para expresar algo sobre sí mismos, o que se pueden utilizar para iniciar una discusión o mostrar a alguien que estés pensando en ellos.

Otras maneras de conseguir aún más me gusta para su página incluyen la sincronización con tu blog (mediante la adición de un plugin para proporcionar una transmisión en vivo por ejemplo, o el uso de los comentarios de Facebook) y con sus otras cuentas de redes sociales. También puede simplemente colocar botones en su sitio y en su otro contenido que la gente puede hacer clic con el fin de visitar su página de Facebook tal como la conocemos.

Facebook Live también se puede utilizar como parte de un embudo de ventas. Un embudo de ventas es básicamente una secuencia que lleva a alguien de la falta de familiarización con su marca a confiar en usted y que desee comprar de usted.

Por lo que esto podría significar que primero se agarra su atención con una entrada de blog que muestra su conocimiento y su gran estilo de escritura. Luego algunos de éstos, se mueven a la segunda etapa que es la entrada a su lista de correo para obtener su 'informe, guía o ebook.

Muy a menudo, la siguiente etapa es una 'conferencia en vivo'. Pero ¿por qué no usar Facebook de nuevo? Esto es una vez más un evento con una fecha y hora que usted puede utilizar en su lista de correo para construir un llamado a la acción para que la gente asista y vea su contenido.

La diferencia es que aunque usted lo está ejecutando a través de una plataforma que es muy nueva, innovadora y emocionante. Y lo que es mejor es que ellos realmente sean capaces de interactuar con usted.

E incluso cuando no estamos construyendo un embudo de esta manera, crear suspenso y hacer que la gente quede excitada para un próximo vídeo sigue siendo una buena estrategia. Puede hacerlo desde la página de Facebook y de otras plataformas como Twitter. Trate de convertir esto en un evento y entusiasmar a la gente por ello

El uso de los anuncios de Facebook

Publicar contenido de calidad es lo que consigue seguidores solamente hasta ahora. Si usted realmente desea tener un impulso grande de seguidores, entonces también debería considerar la creación de anuncios y el uso de estos con el fin de generar más me gusta de su página que conducirán a más puntos de vista de sus videos en vivo.

Los anuncios de Facebook son grandes porque son PPC o "pago por clic'. Esto significa que a medida que la gente vea su anuncio, sólo pagará cuando alguien hace clic en uno de sus anuncios y vea su página. Que a su vez significa que si un anuncio no tiene éxito porque no genera ningún clic, usted realmente no tiene que pagar nada por ello en absoluto.

Pero en realidad se puede ir un paso más allá de eso también, mediante el uso de CPA. CPA significa "coste por acción" y esto significa que ahora usted sólo pagara cuando alguien entra en acción. En este caso, se puede establecer un CPA para que sólo pagará cuando alguien realmente le gusta su página y por lo tanto son capaces de mostrarles sus videos en vivo como y cuando lo necesitan.

Otra gran característica de los anuncios de Facebook es que se puede apuntar a la gente que los ve muy específicamente. De esta manera usted puede optar por mostrar sus anuncios sólo para el tipo de persona que es probable que pueda disfrutar de su vídeo y que es probable que esté interesado en la compra de sus productos. Puede utilizar este método para dirigirse a las personas en función de su:

- Años

- Sexo

- Ubicación

- Intereses

- Descripción del trabajo

- Estado civil

¡Y más!

Capítulo 8: Cómo Monetizar Facebook Live

La clave para hacer este trabajo para usted como un método de hacer dinero es simplemente integrar su comercialización en estrecha colaboración con su producto, su publicidad y sus propios vídeos en directo.

Ya hemos visto cómo se puede utilizar Facebook Live con el fin de añadir una llamada a la acción en un video. También hacer esa llamada a la acción en persona por lo que usted está pidiendo físicamente a la gente a comprar su producto, entonces esto puede ser aún más eficaz. Se hace una gran diferencia cuando en realidad se pregunta a la gente para comprar algo en persona.

Puede de esta manera ser mucho más convincente y contundente y como hemos comentado, también puede responder a las preguntas que los compradores potenciales puedan tener en vivo. De esta manera usted puede realmente animar a la gente a comprar algo en una página de ventas o en directo.

Comprar en vivo, la compra inmediata con un enlace donde pueden hacer clic para comprar su producto, puede crear un gran porcentaje de conversiones de sus videos de Facebook.

Trate de no hacer que todos sus videos sean de venta. Recuerde lo que ya discutimos: la clave del éxito en la comercialización de Facebook y la clave para conseguir acciones y me gusta es asegurarse de que sus vídeos suelan proporcionar valor.

Si 9 de cada 10 videos proporcionan consejos o discusión en su nicho, o promueven su estilo de vida y generan confianza, entonces usted va a hacer que el $10°$ vídeo sea mucho más eficaz en la venta. Pensar en el plan a largo plazo y no simplemente tratar de vender tantas unidades como sea posible en cada video!

La clave, entonces, es calcular cuánto usted está ganando de sus vídeos y cuánto usted está ganando de cada seguidor en su página. Esto entonces permitirá calcular el presupuesto que se puede gastar en sus anuncios con el fin de asegurarse de que su negocio sigue siendo rentable.

Un simple modelo de la muestra de negocios

Un ejemplo sencillo de cómo podría funcionar esto, es que si se ejecuta en una tienda de vestidos de novia. En este caso, se podría crear una presencia en los medios sociales en Facebook, Instagram y Twitter donde puede mostrar fotos de sus vestidos más bonitos y realmente que la gente invierta en el estilo de vida que estés promoviendo y disfrutar y compartir las fotos y consejos.

A medida que construye su público fiel, a continuación, puede promoverles a ellos el uso de anuncios de Facebook CPA para obtener más me gusta y un mayor compromiso. Pero debido a que su cliente es un tipo muy específico de persona, se debe utilizar anuncios orientados a que sólo será visto por *las* mujeres que están *comprometidas* y que se encuentran en un determinado grupo de edad.

Estas mujeres es casi seguro que estarán en el mercado de los vestidos de novia, por lo que son las candidatas perfectas para la publicidad.

Y entonces usted puede subir sus videos en vivo. Estas podrían ser las entrevistas, Q & A o reviews / vitrinas de ciertos vestidos.

Miles de sus seguidores serán capaces de ver los videos porque el algoritmo de darles un trato preferencial y que al ser capaz de responder a sus preguntas y tomar la dirección de su público, esa construcción da más confianza.

Terminar con una llamada a la acción y luego agregar el botón diciendo "compra ahora".

Capítulo 9: Los Mejores Consejos Para El Éxito De Facebook Live,

En los capítulos anteriores hemos visto la punta con respecto al tipo de contenido para crear y cómo garantizar que su metraje se vea profesional. Así, sin embargo, tenga en cuenta que Facebook tiene sus propias mejores prácticas y consejos que ha compartido con los creadores de contenido para tratar de animar a la más alta calidad de los vídeos posibles.

Usted puede encontrar estos aquí:
https://www.facebook.com/facebookmedia/best-practices/live

Para recapitular, sin embargo, algunas de las cosas que recomiendan son:

Decirle a la gente cuando vas a transmitir

Si usted tiene una página de Facebook con una base de usuarios comprometidos, puede aumentar significativamente el número de vistas que se obtendrá mediante la preparación de la gente y diciéndoles que van a encontrar en sus vídeos. Justo después decir "Estaré en directo a las 2 pm" O cuando vaya a ser el momento. Del mismo modo, también puede hacer que estos mensajes puedan destacar aún más mediante el uso de hashtags o incluso el etiquetado de algunas personas.

Esperar una conexión fuerte

Si usted tiene una conexión débil, entonces su emisión constante se interrumpirá por los búfer e incluso podría desconectarse. Esto puede resultar una muy mala experiencia para los espectadores y podría ser suficiente para evitar que se quieran sintonizar en el futuro con sus trasmisiones en vivo. Para evitar que esto suceda, asegúrese de que tiene una fuerte señal en primer lugar. Facebook recomienda esperar a que sea una señal de Wi-Fi, o un ser 4G. Si su conexión es demasiado débil incluso para empezar, entonces el 'Botón Go Live' permanecerá en gris y usted no será capaz de empezar la trasmisión.

Escribir una descripción convincente

Esto es muy importante. Y de hecho, Facebook recomienda que también tenga pensado un 'contenido' o tema para su vídeo antes de trasmitir en vivo. Esto ayudará a que la gente sepa si podrían o no estar interesados en su vídeo y así decidir verlo. Usted no quiere que la gente no esté interesada en ver el video, porque sólo se vería al azar, pero así mucha gente entra a ver los vídeos y luego descubren que No están interesados en lo que está diciendo.

Recuerde, sin embargo, se trata de una 'descripción ' y no sólo un título. Eso significa que también se puede vender el vídeo un poco. Y por qué no se centran en la naturaleza emocionante de la transmisión en vivo también? El ejemplo que Facebook hace muy bien:

Nos dieron una gran noticia en el empleo y la economía esta mañana, y el presidente Obama quiere contar todo sobre ello. Así que coge una silla en la habitación Roosevelt junto a su equipo económico y a escuchar!

Esto suena como que tiene algún tipo de acceso privilegiado y casi como si han sido invitados por el propio presidente! Basta con pensar en lo mucho más atractivo y emocionante que es para una audiencia.

Invitar a los usuarios a seguir

Recuerde que algunas personas que encuentran su video no tienen por qué estar siguiéndolo. Su audiencia puede incluir a personas que se encuentran en el mapa en vivo, o puede ser que incluya a las personas que han visto su video porque a un amigo le gustó. Así que los invitamos a seguirnos y así se puede construir una audiencia más grande.

Di hola

Ya hemos cubierto este breve pero recuerde que debe responder a los comentarios y saludar a la gente, ya que accedan a verte. Esto les hace sentir mucho más comprometida y como si estuvieran ahí con usted.

Experimento con longitud

Facebook dice de transmitir por más tiempo, ya que le permitirá llegar a más personas. Su recomendación es estar en vivo durante al menos 10 minutos y el máximo que puede permanecer vivo es de 90 minutos.

Sin embargo, es importante tener en cuenta que hay beneficios para el contenido más corto también y esto podría funcionar mejor para ciertos tipos de contenido que otros. Probar diferentes longitudes y ver cual consigue la mejor respuesta esta es la mejor manera de optimizar su contenido y su público!

Vivir a menudo y experimentar

Otro consejo de Facebook es hacer trasmisiones en vivo a menudo y experimentar con diferentes tipos de contenido. Ya hemos estado discutiendo las sorprendentes tipos diferentes de contenido que puede crear y lo que funciona bien con Facebook Live. Pero recuerda que esto es en gran medida un medio nuevo, emocionante y sin explotar. Eso significa que todavía hay mucho espacio para la experimentación y probar cosas nuevas.

En su página, Facebook tiene como demostración algunos de los vídeos más creativos por ahí. El comediante Ricky Gervais tiene un video que él llama 'Yo en el baño ", que no es más que él en el baño, señalando que es el ... en el baño. Mientras tanto, Lindsey Vonn también se ofrece con un vídeo de esquí en Nueva Zelanda. El teléfono te une de alguna manera para que puedas "ir con ella'.

Publicar a menudo por su parte también ayudará a construir una audiencia más grande. Recuerde también que uno de los retos con vídeo en directo serán los diferentes husos horarios. Su objetivo es llegar a tantas personas como sea posible y, para ello, puede ser muy útil para publicar regularmente para que pueda ser encontrado por personas que podrían no haber contestado anteriormente.

Tenga en cuenta también que la gente va a ver a todos los tipos de contenido en Facebook Live. La gente es naturalmente muy voyeurista y les encanta ser capaz de echar un vistazo a su vida. Esto es especialmente cierto si usted tiene una marca personal que se ha ganado y si usted tiene un montón de verdaderos "fans" que aman el contenido que producen y quieren llegar lo más cerca posible de usted.

Si usted está haciendo algo interesante o emocionante, grábelo y emítalo para que puedan verlo. Como se ha mencionado, Ricky Gervais registró sólo porque él estaba en el baño! No preocuparse demasiado si su mensaje es "mensaje inesperado' experimente, juegue y vea lo que funciona para usted!

Capítulo 10: El Futuro De La Transmisión En Vivo

Transmisión en vivo no es el único interés de Facebook en este momento sin embargo. La compañía está investigando una serie de tecnologías muy interesantes y lo que es realmente interesante es la forma en que toda esta investigación y toda esta tecnología podrían unirse en el futuro. Facebook parece estar tratando de acaparar la comunicación comercial a través de la web en su totalidad y también está invirtiendo una buena cantidad en I + D y tecnologías futuras.

Por ejemplo, Facebook compró Instagram su rival por la friolera de $ 1000 millones. Esta es una herramienta que los usuarios pueden utilizar para cargar fotos y aplicar efectos. Es una forma artística de expresión y ahora están muy integrados con Facebook. WhatsApp por su parte es un servicio de mensajería en directo que podría posiblemente haber sido visto como un rival para Facebook y su propio servicio de mensajería... hasta que adquirió la compañía por $ 19 mil millones.

En cierto modo, se podría considerar WhatsApp para cerrar un hueco entre Facebook y la mensajería convencional, ya que la gente suele compartir fotos y vídeos con grupos de personas que viven mientras que los eventos se llevan a cabo.

Tal vez una de las adquisiciones más alto perfil de todo fue Oculus VR. Esta es una empresa de realidad virtual propiedad de CEO y fundador Palmer Luckey. A través de Kickstarter, Oculus logró crear el primer competidor importante en el espacio VR: El Oculus Rift. Facebook compró Oculus VR por una increíble cifra de $ 2000 millones y expresó su interés en el desarrollo de la herramienta para la comunicación en vivo.

Imagine que es capaz de estar en otras partes de la Tierra, pero aun así tener una conversación con un amigo o colega como si estuvieran en la habitación con usted, capaz de ver su gestos, el lenguaje corporal y mucho más! Ese es el futuro en lo que se refiere a Facebook.

E imaginar cómo estas tecnologías pueden confluir. Imagine utilizar una cámara 360 para transmitir imágenes en vivo y luego imaginar el uso de la Oculus Rift para realmente estar allí en la realidad virtual. Usted puede compartir sus experiencias, literalmente, hasta el punto que un amigo podría estar sentado en casa y mirando a su alrededor el medio ambiente que le gusta y disfruta de todas las imágenes y sonidos *que* se suceden!

La tecnología ISN no está todavía allí y los datos móviles es un factor limitante, por lo menos. Cuando las conexiones se hacen más rápido como así podemos esperar el vídeo360 va ser mucho más que una realidad, visto a través de realidad virtual e incluso grabado utilizando aviones no tripulados. Por lo menos, podemos esperar ver "en directo imágenes en miniatura ', lo que podría darnos transmisiones en vivo simultáneas de un mismo hecho de cientos de diferentes ángulos... El potencial de esta tecnología es casi interminable

Esto es muy probablemente en el sentido de que Mark y Facebook se dirigen en ese sentido. Y se puede ver ahora por qué la transmisión en vivo juega una parte tan integral en el futuro para la empresa. Y para la humanidad!

En este momento, la transmisión en vivo es una gran oportunidad para los vendedores y una diversión interesante para el público en general. Pero si usted apuesta por ella desde el principio, podría estar en una posición ideal para sacar el máximo provecho de la plataforma cuando inevitablemente se convierte en una parte crucial de la forma en que nos comunicamos.

Para terminar esta sección, vamos a echar un vistazo a algunas de las citas que Mark ha compartido con respecto a sus intereses en el desarrollo de la empresa en el futuro. Estos hacen brillar una luz muy interesante sobre la empresa y su dirección futura:

"Nosotros estamos trabajando en VR, porque creo que es la próxima plataforma de computación y comunicación importante después de los teléfonos. En el futuro probablemente todavía llevaremos los teléfonos en el bolsillo, pero creo que también tendremos gafas en la cara que nos pueden ayudar durante todo el día y nos dan la posibilidad de compartir nuestras experiencias con aquellos que amamos completamente y nuevas formas que no son posibles hoy en día.

"En segundo lugar, estamos trabajando sobre la influenza aviar, porque creemos que los servicios más inteligentes serán mucho más útiles para su uso. Por ejemplo, si tuviéramos ordenadores que pudieran entender el significado de los mensajes en el News Feed y le mostrará más cosas en las cuales está interesado, sería bastante sorprendente. Del mismo modo, si podríamos construir ordenadores que pudieran entender lo que es en una imagen y pudiéramos hacer que la viera una persona ciega que de otro modo no podía ver esa imagen, eso sería muy sorprendente también. Esto está todo a nuestro alcance y espero que podamos entregarlo en los próximos 10 años.

"Nosotros estamos trabajando en la difusión de acceso a Internet en todo el mundo a través de Internet.org. El pueblo necesita las herramientas más básicas para obtener los beneficios de internet empleo, educación, comunicación, etc. Hoy en día, casi 2/3 del mundo no tiene acceso a Internet. En los próximos 10 años, Internet.org tiene el potencial de ayudar a conectar a cientos de millones o miles de millones de personas que no tienen acceso a la Internet hoy en día.

"Por otro lado, la investigación ha encontrado que por cada 10 personas que tienen acceso a internet, cerca de 1 persona se levanta de la pobreza. Así que si podemos conectar a 4 Mil millones de personas en el mundo que están desconectados, potencialmente puede aumentar a 400 millones de personas las que salgan de la pobreza. Que es quizás una de las más grandes cosas que podemos hacer en el mundo. "

Conclusión & Resumen

Así que ahí lo tienen: que es bastante todo lo que pueda necesitar saber sobre Facebook Live. Esperemos que ahora tienen una buena comprensión de lo importante que es Facebook Live para el futuro de la web y lo que el gran papel de Facebook que es probable que le toque desempeñar en todo esto. El propio Mark Zuckerberg cree que esto podría algún día ser la forma primaria de contenido en Facebook.

Y mientras tanto, la transmisión en vivo es un mercado completamente abierto. Hay tan poca competencia aquí que casi cada vez que vaya en directo, es probable que salga con nuevos seguidores y suscriptores! Esta es su oportunidad de salir adelante de la competencia y construir una gran audiencia para su marca personal y sus ventas.

Así que ahora le toca involucrarse y empezar a crear contenido en vivo! Usted sólo puede encontrar que es sorprendentemente bueno y divertido una vez que se involucra!

Estas son algunas cosas a tener en cuenta, mientras que usted aprende todo sobre él:

- Facebook Live es la plataforma con la mejor oportunidad de retrasmitir en vivo gratis

- Pero Blab es un lugar útil para vender hacia fuera también, sobre todo para marketing influyente!

- Hay muchas cosas que funcionan en transmisión en vivo la gente le encanta sentirse voyeur!

- Trate de experimentar con diferentes tipos de contenido

- Atender a las personas que han visto desde el principio y las personas que están simplemente sintonizando

- Piense en la mejor estructura para su contenido

- Utilice CPA y anuncios para promocionar su página

- Siempre céntrese en proporcionar calidad

- Pedir a la gente que se suscriba

- Invertir en un buen teléfono con cámara

- Reconocer a los espectadores por su nombre

- Mire a los demás para ver lo que hacen